Lb⁴. 84.

LETTRE

A

UN ÉMIGRÉ.

IMPRIMERIE DE SETIER,
Cour des Fontaines, n° 7, à Paris.

LETTRE
A UN ÉMIGRÉ,

Sur la deuxième Lettre de M. le vicomte de Châteaubriand, Pair de France.

PAR

M. Eusèbe GORGERET,

CHEVALIER DE LA LÉGION D'HONNEUR, EX-GARDE DE
LA PORTE DE SA MAJESTÉ.

Une indemnité est-elle religieusement
et politiquement due a tous ceux qui ont
perdu leurs biens, meubles et immeubles
dans la révolution?

Cette indemnité peut elle être accordée?

Nil a me humanum alienum puto.

TÉRENCE.

PARIS,

Chez PONTHIEU. } Palais-Royal.
HUBERT.

MONGIE, boulevard des Italiens.
MARTINET, rue du Coq Saint-Honoré.
Et chez les principaux Libraires de Paris et des
Départemens.

1825.

LETTRE

A

UN EMIGRE.

———————

Paris, le 25 Décembre 1824.

J'ai vu, avec attention, mon cher Colonel, la lettre de M. le vicomte de Châteaubriand sur l'indemnité qu'il désire voir accorder aux Émigrés, à raison de la perte de leurs biens par l'effet de la révolution.

Vous me priez de vous donner l'analyse de la brochure publiée par le noble Pair, et de vous dire en même temps ce que je pense de son contenu. Et, tout en me consultant, vous paraissez être persuadé que M. le Vicomte ne demande par sa lettre qu'une partie de ce qui devrait être justement alloué aux Émigrés.

Vous paraissez encore être persuadé que, par suite de la discussion de la loi qui va être présentée aux Chambres sur l'indemnité, les Émigrés recevront plus que M. de Châteaubriand paraîtrait vouloir leur accorder ; car vous m'écrivez que les Émigrés doivent non-seulement être indemnisés de la valeur des biens confisqués et vendus, ainsi que des intérêts suivant l'évaluation du capital ; mais qu'encore ils devraient être indemnisés à cause des maux qu'ils ont soufferts étant éloignés de leur patrie, etc. ; qu'enfin ils devraient être en outre récompensés pour raison de leur fidélité et de leur dévouement, soit par des places, soit par des emplois militaires.

Dans la joie de votre cœur, parcourant dans la pensée les lieux qui vous ont vu naître, vous imaginez-vous voir, sinon dans votre château sur les bords enchanteurs du Lignon, révéré de vos vassaux, vous livrant aux douces occupations de la chasse et de la pêche; mais du moins vous croyez être bientôt dans de beaux appartemens de la capitale, avec un revenu proportionné à la fortune considérable que vous me dites avoir perdue par la confiscation de vos biens.

Nous avons servi ensemble dans les gardes de la porte de Sa Majesté : nous ne nous sommes point quittés depuis le 1er mars 1815, soit à Paris, soit dans la Belgique, soit encore à Paris jusqu'au 1er janvier 1816, époque du licenciement de notre Corps ;

vous connaissez donc mon caractère franc et généreux : vous devez alors être persuadé que j'examinerai avec la plus scrupuleuse attention tout ce qu'a pu dire le noble Pair , en faveur de l'indemnité et sur le mode de paiement. Vous me flattez trop en me croyant, capable de vous rendre un compte détaillé, de la lettre du noble Pair , et de vous communiquer toutes les réflexions que doit faire naître en moi son contenu.

Je vais donc essayer de remplir cette tâche, difficile sans doute , puisqu'il s'agit de commenter l'écrit d'un homme recommandable par ses talens littéraires , par ses vertus et par son attachement sans bornes à la famille des Bourbons.

Je diviserai ma lettre en trois paragraphes ; dans le premier, j'analyserai la lettre de M. le vicomte de Châteaubriand. Je répondrai à cet analyse par l'examen des droits que paraissent avoir les Émigrés à une indemnité. Je tâcherai de déterminer comment devrait être répartie entre eux cette indemnité : ce qui me paraît une chose bien difficile à établir, surtout s'agissant de le faire avec la plus équitable justice.

Dans le deuxième paragraphe, je répondrai à la question suivante : La révolution a-t-elle seulement lésé les intérêts des Emigrés? Au cas contraire, une indemnité est-elle religieusement et politiquement due à tous ceux qui ont perdu leurs biens dans la révolution, soit par confiscation, soit autrement?

Dans le troisième paragraphe, j'examinerai s'il est possible que la France puisse payer une indemnité à tous ceux qui paraîtraient y avoir droit, et s'il est même juste de le demander?

Premier paragraphe.

Analyse de la Lettre de M. de Châteaubriand et réponse à cette analyse par l'examen des droits des Émigrés à une indemnité. Comment et de quelle manière pourrait-on répartir justement cette indemnité.

M. de Châteaubriand entre en matière, et explique qu'une indemnité est légitimement due aux propriétaires dépouillés, pendant la captivité ou l'absence de nos Souverains légitimes, qu'il se plaît à croire que cette indemnité sera réglée par une loi, dans la session qui va s'ouvrir.

Que les confiscations ont été, avec le jugement de Louis XVI, la grande plaie de la révolution; que ces spoliations apprennent malheureusement à ceux qui n'ont rien, qu'on peut impunément déposséder ceux qui ont quelque chose. Il faut, dit-il, dé-truire par l'exemple l'effet de l'exemple, pernicieux donné à l'Univers ; il faut, par, une loi juste, prouver qu'on ne viole pas en vain les propriétés, et qu'il n'est point permis de donner à l'encan le bien de la veuve et de l'orphelin.

Les lois et les règlemens, ajoute-t-il, furent donc d'impuissantes armes contre la cupidité, l'envie, l'ambition et les autres, passions humaines ; mais, à une déclaration de principe, il faut ajouter un fait : il faut encore une indemnité aux propriétaires injustement dépouillés, et la leçon fructifiera et la société sera sauvée.

Cette indemnité doit être équivalente au prix de la propriété soustraite ; elle dédommage suffisamment le propriétaire dépouillé ; le mal fut fait, il est à réparer.

« L'idée d'une indemnité à donner aux propriétaires dépouillés, s'est ellaborée dans l'espace de dix ans : ce qui avait paru dangereux paraît salutaire, et l'on en est venu au point que tout le monde demande la loi que personne n'osait espérer.

Le noble Pair s'étonne que cette loi ne soit pas, dans les journaux, l'objet des discussions politiques, et que le public ignore une loi qui touche à la propriété des deux tiers de la France ; il voudrait que cette loi fût mûrement réfléchie, et qu'elle ne fût point le fruit d'une trop légère improvisation. Cette loi, dit-il, est compliquée ; elle demande de grandes connaissances, et veut être sagement mûrie. La loi d'indemnité doit être une loi détaillée, une espèce de Code de la propriété, dans lequel, autant que possible, il ne faut rien souffrir de processif et de douteux,

M. le Vicomte parle des dangers qu'il y aurait d'ouvrir au Ministre des finances un crédit de six cents millions plus ou moins, pour donner une juste indemnité.

Il paraîtrait craindre pour l'Emigré qui aurait une façon de penser indépendante, tant à l'égard des élections qu'autrement : il craindrait que le meilleur serviteur du Roi ne pût être éconduit.

Que cette loi, suivant M. le Vicomte, doit être l'honneur du règne de Charles X, comme la Charte a fait la gloire de Louis XVIII : que cette loi doit fermer les dernières plaies de la révolution.

Il faut donc se hâter, dit-il, de publier une loi que la morale, la religion, l'honneur, l'humanité, la politique, réclament également.

Cette loi doit être élaborée par des jurisconsultes habiles et des magistrats intè-

gres ; elle doit tenir de l'esprit de l'ancien
et du nouveau Droit français ; elle doit
énoncer leurs héritiers et leurs ayant cause
dans la succession directe et collatérale à
un terme fixé.

Toutes les choses ne peuvent être réglées
par des ordonnances : car comment appe-
ler d'une ordonnance ministérielle ! le Conseil-d'Etat , qui ne connaît que des affaires
contentieuses , se récuserait. Prendre les
ministres à partie ! il faut pour cela obtenir l'autorisation du Conseil-d'Etat; les
membres de ce conseil sont amovibles et
dépendent des ministres.

On doit d'abord, dit le noble Pair, sti-
puler que les propriétaires dépossédés seront dédommagés intégralement, s'il est
possible. Il faut être juste autant qu'une
inflexible nécessité peut le permettre. Pour
quelques millions de plus ou de moins, on

ne doit pas mutiler une opération qui, si elle ne ferme pas la dernière plaie de la révolution, pourrait les raviver toutes.

Qu'on y songe sérieusement : il y va peut-être du salut de la France.

L'indemnité intégrale, qu'il aime supposer possible, étant arrêtée, la manière la plus franche, la plus claire, la plus morale de payer cette indemnité, est de transporter au propriétaire dépouillé des rentes rachetées par la caisse d'amortissement.

Il n'y aurait point de cette manière un nouveau papier, point d'impôts, point d'emprunts, par conséquent point d'agiotage, point de jeu de bourse ; cette manière de procéder est, pour ainsi dire, la reconstruction des bases de la société. Supposons que cette indemnité s'élève à trente millions de rentes, il en resterait encore dans la caisse plus qu'il n'en faut pour un fonds d'amortissement; on pourrait encore ôter à cette caisse quelques millions de rentes, en diminution des contributions directes... Il n'est donc point nécessaire de créer des dettes, puisque, par la caisse d'amortissement, on a des fonds en caisse.

Le projet de loi, dit-il, doit être précédé d'une déclaration en vertu de laquelle la question de la réduction et du remboursement de la rente, sera ajournée à dix ans ; même la rente ne devrait jamais être réduite que par l'effet de la caisse d'amortissement et par la dépréciation annuelle des espèces d'or et d'argent ; dépréciation qui se précipiterait de plus de trente pour cent en peu d'années, si les mines du Mexique et du Pérou venaient à être exploitées par des compagnies européennes.

Le noble Pair dit, dans sa péroraison, que l'État doit: 1° rembourser autant que possible intégralement les propriétaires dépossédés.

2°. .Mettre la loi en rapport avec le Code civil, et entrer dans les plus grands développemens.

3°. Ne point faire d'emprunts.

4°. Payer les indemnités avec les rentes acquises par le fonds d'amortissement.

5°. Fixer par année l'ordre et la quotité des liquidations.

6°. Déclarer qu'on ne s'occupera ni de la réduction, ni du remboursement des cinq pour cent . avant le terme de dix ans.

7°. Ne laisser rien, ou ne laisser que le moins possible, à l'arbitraire, dans la loi et dans l'exécution de la loi.

Le noble pair ajoute qu'il n'y a que le Roi dont l'autorité soit assez sacrée...:....
pour que les Français remettent avec joie

2

le sort de leur fortune aux mains de ce souverain arbitre.

Que le Roi, assisté de Monseigneur le Dauphin, ayant sous lui M. le Chancelier de France; le Roi, assisté encore de son Conseil privé, rendrait à ses sujets comme ses pères, la justice aux pieds d'un chêne.

Il faudrait, ajoute le noble Pair, un comité dans chaque Cour royale, composé du président et de quelques conseillers de la Cour, qui réuniraient à eux des membres des Conseils généraux des départemens. On transmettrait alors à ce Comité les pièces relatives aux liquidations ouvertes dans l'arrondissement de ces Cours : de cette manière le travail se ferait sous les yeux des parties intéressées.

Autant la loi projetée, dit M. le Vicomte,

serait pernicieuse, fatale, pleine de divisions
et d'alarmes, si elle est mal faite : autant
elle sera salutaire, heureuse et conciliatrice,
si un esprit d'équité et de franchise présidé
à sa rédaction.

Elle rétablira l'harmonie entre les citoyens, elle effacera les dernières traces
révolutionnaires ; elle ôtera aux esprits
turbulens tout prétexte de troubles, tout
moyen d'agir sur les intérêts et les passions.

Voilà, mon cher ami, l'analyse de la lettre de M. le vicomte de Châteaubriand :
je désire que vous y retrouviez tout ce qui
a pu faire impression sur votre esprit.

Je crois n'avoir rien oublié de ce que
M. le Vicomte a pu dire avec l'esprit et le
savoir qui le caractérisent. J'ai cité presque
partout les paroles du noble Pair, sans
ajouter, ni diminuer, par ma rédaction, ce

que cet illustre écrivain sait mieux dire que moi.

Je vais sans doute, pour le moment, vous causer quelques instans de déplaisir ou d'impatience; mais lisez-moi jusqu'au bout, vous verrez combien mes intentions sont pures et désintéressées; vous reconnaîtrez toujours en moi l'homme le plus dévoué à la famille des Bourbons ainsi qu'à mon pays. Vous trouverez toujours en moi l'ami le plus sincère de tous ceux qui, comme moi, ont servi toute leur vie la bonne cause. Et quoique, par mon dévouement à la famille régnante, j'aie perdu deux fois tout ce que je possédais, sans avoir été indemnisé, sans avoir été récompensé et sans espoir de l'être, je dirai toujours : Vive le Roi, quand même....

Je vais donc attaquer quelques principes émis par l'auteur de la lettre sur l'indemnité

due aux Émigrés. Je tâcherai d'établir autant que possible les droits de chacun
d'eux.

J'essayerai de faire une distinction exacte
entre ceux qui ont droit à tout ou à une
partie de l'indemnité. Je prouverai même,
à ce que j'espère, qu'il est des Émigrés
qui déjà ont été indemnisés par différens
gouvernemens, et qu'ils ne peuvent sérieusement rien réclamer.

Je ferai trois divisions. Je parlerai d'abord
de ceux qui, rentrés en France sous différens
gouvernemens, ont été dédommagés par des
places civiles et militaires, ou qui, rentrés
en France avec le Roi, ont recouvré leurs
propriétés non vendues, ou qui ont tenu
des bontés de Sa Majesté des places et des
pensions.

Je parlerai 2.º de ceux qui, par des substi-
tutions ou par des fraudes consciencieuse-

ment tolérées, ont recouvré, à différentes
époques, à peu de choses près, tout ce que
la révolution leur avait enlevé.   .

Je parlerai enfin de ceux qui n'ont obtenu que de faibles secours, et de ceux
qui n'ont obtenu que des grades militaires
ou des retraites. Je parlerai de ceux qui,
n'étant pas en activité de service, n'ont
pas même été indemnisés d'une faible partie des biens que la révolution avait confisqués à leur préjudice. Dès lors la confiscation des biens des Émigrés semble un vol
manifeste pratiqué envers ces malheureuses
victimes de la révolution; et ceux qui ache-
tèrent se rendirent, dès le principe, aussi
coupables que ceux qui vendirent en vertu
des lois révolutionnaires.

Si personne n'eût acheté, aucuns biens,
tant meubles qu'immeubles, n'auraient été
vendus, et, par suite, le règne de la terreur

passé, la tourmente révolutionnaire apaisée, les Émigrés et autres seraient redevenus paisibles possesseurs des biens de leurs pères ; leurs femmes et leurs enfans n'auraient pas été réduits,, pour la plupart, à la plus affreuse misère. Ces derniers n'auraient point eu la douleur de voir des hommes s'emparer de leurs biens sans bourse délier. Oui, sans bourse délier ; il est prouvé que plusieurs des acquéreurs des biens nationaux ont payé le prix de leur monstrueuse acquisition avec le revenu d'une année de la propriété achetée.

Et si les premiers acquéreurs étaient encore en possession des propriétés induement et injustement vendues et acquises, je penserais qu'il serait de toute justice d'ordonner la restitution de ces mêmes biens aux malheureux Émigrés, en remboursant les sommes payées par les acqué-

reurs , sommes qui furent données en assignats, et qui devraient être calculées d'après
les époques des paiemens , suivant l'échelle
de dépréciation du papier monnaie ; à la
charge néanmoins, par les Émigrés, de rembourser à l'Etat le montant des dettes affec-
tées sur lesdites propriétés injustement et
monstrucusement vendûes , puisque l'État
a acquitté ces mêmes dettes.

Enfin, s'il était démontré que le produit
d'un , ou de deux, ou de trois ans de revenu desdites propriétés , avait fourni à
l'acquéreur de quoi payer le prix de son
acquisition, ordonner que les Emigrés ren-
treraient sans bourse délier dans leurs propriétés confisquées , à la charge seulement
de rembouser les dettes qu'auraient payées
pour eux le gouvernement révolutionnaire.

Mais la chose n'est plus praticable; les
propriétés confisquées au préjudice des

Emigrés ont été divisées, vendues et re-
vendues nombre de fois. Le premier acquéreur ne possède plus rien de ces mêmes
propriétés; et Louis XVIII, en déclarant
dans la Charte que les confiscations étaient
abolies, a aussi consacré comme régulière
la vente des biens des Emigrés.

L'on ne peut donc aujourd'hui qu'accorder des indemnités aux Emigrés pour
les biens vendus ; et ordonner qu'ils ren-
treraient dans leurs biens, en payant ce
que chaque acquéreur a donné, et en remboursant les dettes payées par le gouvernement, serait encore une monstrueuse injustice : ce serait une confiscation que la
Charte a abolie.

Il s'agit donc maintenant de régler l'indemnité justement due aux Emigrés; la
chose n'est pas facile, je vais tâcher de vous

communiquer quelle est ma manière de voir dans cette circonstance.

Beaucoup d'Emigrés sont rentrés en France sous les divers gouvernemens qui ont régi notre malheureuse patrie ; plusieurs d'entre eux ont été indemnisés , même au-delà de ce qu'ils avaient perdu dans la révolution.

Buonaparte, qui voulait consolider son usurpation, imagina d'attirer à lui toute l'ancienne noblesse; il donna aux uns le libre maniement de ses richesses , il nomma les autres préfets, sous-préfets, receveurs-généraux , etc. , etc. ; il remplaça la valeur de leurs domaines vendus par des pairies dotées, par des portefeuilles; il accorda aux autres les premiers grades militaires; il leur confia le commandement de ses armées, et la France doit à nombre d'entre eux une partie de sa gloire militaire.

Ceux qui sont dans cette catégorie, doivent-ils être indemnisés ? Je pense que non. Ils ont été indemnisés suffisamment, ils possèdent de grandes richesses qu'ils ont acquises, il est vrai, par leurs talens et leur valeur; mais il me semble qu'il serait injuste de leur part de demander une indemnité, parce que si la révolution les a ruinés, les a accablés de maux, les a forcés d'abandonner leurs biens en s'expatriant; la révolution leur a rendu bien plus et au-delà; car, sans la révolution, ils n'auraient jamais acquis autant de richesses, autant d'honneurs, et une aussi belle réputation.

Ceux qui ne sont revenus en France qu'avec la Famille royale, et qui sont rentrés dans l'intégralité de leurs biens non vendus, abstraction faite de leurs dettes, ne peuvent consciencieusement réclamer aucune indemnité; ils doivent, au con-

traire, au gouvernement, le remboursement des dettes qui ont été acquittées pour
eux, et comme le gouvernement les a acquittées en papier, ils en doivent consciencieusement la différence à leurs créanciers,
en suivant l'échelle de dépréciation du papier-monnaie, d'aprés les époques des
paiemens.

Le Roi a, en outre, justement récompensé leur fidélité, leur dévouement, par des
emplois honorables et lucratifs : ils ont eu
des pensions, des portefeuilles, des re-
cettes, des grades militaires élevés, des
pairies dotées, etc. Le pouvoir est dans
leurs mains ; ils ont bien mérité, ils ont
été bien dûment et justement récompensés
et indemnisés ; ils ne peuvent donc plus
espérer d'indemnité ; ils possèdent, comme
par le passé, de grands biens, et l'on peut
dire que l'ancienne noblesse est, comme

autrefois, propriétaire de presque les deux
tiers de la France.

Dira-t-on que les femmes, les enfans,
les vieillards qui ont émigré, se sont dévoués, ont été fidèles ? Non certainement,
et on ne peut le dire sérieusement ; car à
quoi pouvait servir leur fidélité, leur dévoûment, ou plutôt leur émigration ? ils ne
pouvaient rien par eux-mêmes : s'ils ne
pouvaient porter les armes, ils ne pouvaient
donc point se dévouer. S'ils ont émigré, ils
ne l'ont fait que pour leurs intérêts personnels. Ils ont émigré pour éviter les vexations, puisque ceux qui portaient les armes
dans l'étranger ne pouvaient les protéger ;
ils n'ont donc montré ni dévoûment ni
fidélité.

On doit distinguer l'Emigré qui a servi
dans l'armée de Condé, comme le dit M. de
Châteaubriand, de l'intrigant qui aurait

fait de son exil un temps de plaisir sur le pavé des capitales de l'Europe.

Quels sont donc les Emigrés qui doivent être indemnisés? Ce sont ceux qui ont servi à l'armée de Condé; ce sont ceux qui, n'ayant obtenu que quelques grades militaires, que de faibles pensions, se trouvent sur l'âge, accablés d'infirmités, ceux-là seuls, ou leurs descendans et leurs héritiers qui, n'ayant encore reçu aucune indemnité, ont les plus justes titres à y prétendre.

Le dévouement et la fidélité ne peuvent être considérés que dans ceux qui ont porté les armes dans l'armée de Condé. Il me semblerait encore que ces derniers, au nombre d'environ seize ou dix-huit mille, parmi lesquels il y avait tout au plus dix mille nobles, auraient peut-être montré plus de dévouement, plus de fidélité, auraient été enfin plus utiles à la cause royale, s'ils se fussent réunis en France, ou aux Lyonnais ou aux Vendéens. Il est à présumer que s'ils eussent suivi ce sage parti, l'hydre de la révolution aurait été renversé dès le principe. Il est certain que seize mille hommes de plus à Lyon nous auraient rendus maîtres de la meilleure partie de la France.

Que serait enfin devenue la révolution si tous les Emigrés, peut-être au nombre de soixante mille, propres à porter les armes, se fussent joints aux valeureux défenseurs de la royauté en France? Ils n'ont rien fait chez l'étranger; ils n'ont rien fait, dis-je, puisque la plupart n'ont pas même porté les armes, et que ceux qui les ont prises n'ont pu, avec les étrangers, entamer en aucune manière le sol français, bien loin d'y entrer avec leurs protecteurs qui, à Quiberon les ont laissé froidement massacrer.

Les Lyonnais, au nombre de neuf mille,
ont soutenu un siége de deux mois contre
cent quatre-vingt mille hommes ; s'ils eussent eu des vivres, ils auraient tenu bien
plus long-temps. Les Vendéens se sont bat-
tus bien des années contre des forces considérables et aguerries ; que n'auraient pas
fait les uns ou les autres si les Emigrés s'y
étaient réunis ! La révolution aurait été ter-
minée dès sa naissance ; les Emigrés n'auraient pas été malheureux dans l'étranger ;
ils ne demanderaient pas aujourd'hui une
indemnité, et depuis long-temps ils vivraient
paisibles possesseurs de leurs biens.

Je penserais donc que, contradictoire-
ment à ce que dit le noble Pair, si on accordait toutefois une indemnité aux Emigrés, elle devrait être évaluée ou fixée par
des hommes intègres habitans des commu-

nes où sont situés les biens qui ont été injustement confisqués; que les habitans devraient être nommés par une assemblée gé-
nérale de la commune convoquée à cet effet.

Que ces habitans désignés devraient examiner scrupuleusement et consciencieusement toutes les réclamations qui leur seraient adressées, les réclamans présens et
pouvant faire toutes les observations qu'ils
croiraient convenables ou nécessaires à
leurs intérêts.

Les habitans chargés de faire leurs rapports, prendraient tous les renseignemens
qu'ils croiraient nécessaires pour édifier
leur religion, leur conscience, et se con-
vaincre si l'Emigré n'a eu des indemnités
d'aucun gouvernement, ou si, par des sub-
stitutions, ou autrement, des parens ou des
amis ne leur ont pas conservé le tout ou
partie de leurs biens confisqués.

Enfin, les habitans désignés prendraient les renseignemens les plus exacts sur les dettes payées par le Gouvernement pour chaque Emigré. Leurs rapports faits, ils les enverraient à Paris.à une Commission nommée par le Roi, dont les membres n'auraient d'autre emploi du Gouvernement que celui d'examiner les rapports envoyés par les habitans choisis dans chaque commune où seraient situés les biens.

Comme vous le voyez, mon cher Colonel, je ne suis point d'accord avec le noble Pair sur tous les points, pas plus qu'avec vous. Je pense qu'on ne doit pas accorder à tous les Emigrés indistinctement une indemnité, parce qu'une grande partie d'entre eux ont été suffisamment indemnisés ; que d'autres ont émigré pour leurs intérêts personnels ; que ceux non indemnisés, qui out servi dans l'armée de Condé,

doivent seuls recevoir l'indemnité, puisqu'en prenant les armes, ils ont montré
dévouement et fidélité; mais, dans tous
les cas, on doit vérifier avec une grande
attention et avec la justice la plus impar-
tiale, leurs droits et leurs titres à l'indemnité, ainsi que la quotité des dettes payées
par le Gouvernement.

Comment répartira-t-on les dettes que
l'on dit avoir été payées par le Gouvernement, sans distinction ? On explique que
cette répartition est impossible. En effet,
si on accorde une indemnité, et que, sur
cette indemnité, on diminue les dettes payées
par la république ; il arrivera que l'Emigré
qui devait tout ce qu'il possédait se trouverait libéré et aurait encore une indemnité, et que l'Emigré qui n'aurait rien dû, se
trouverait payer des dettes qu'il n'aurait
point contractées. C'est une chose à laquelle, dit-on, on ne peut remédier : de

cette manière l'indemnité ne pourra être répartie justement. Celui qui aurait dilapidé une fortune considérable, se trouverait libéré et avoir une forte indemnité, et celui qui n'aurait point eu de dettes, ne se trouverait pas indemnisé de la moitié de ce qu'il aurait lieu d'attendre.

Les habitans nommés dans chaque commune, devront se bien pénétrer qu'ils doivent prendre tous les renseignemens qu'il sera en leur pouvoir de se procurer, pour l'évaluation des propriétés confisquées; qu'ils doivent distraire la valeur des réparations ainsi que la valeur des constructions faites par les acquéreurs; qu'ils doivent examiner si les propriétés n'ont point été améliorées, soit par défrichement, soit autrement..... Ils doivent aussi considérer si ces propriétés n'ont point diminué de valeur par des ventes particelles qu'aurait pu faire l'acquéreur, ou par la vente des bois de coupe ou par celle des bois de haute fûtaie.

Je ne me dissimule point qu'il sera difficile, aux habitans nommés dans chaque commune, de suivre avec exactitude leur mandat ; combien il leur sera facile de faire des erreurs, et, sans le vouloir, de donner une moindre quotité à la réclamation de l'Emigré, comme de donner une bien plus grande estimation aux propriétés vendues, et une évaluation plus considérable aux reprises qu'ils ont droit de se faire allouer.

Mais le plus difficile encore, c'est de trouver les moyens de ne point charger l'Etat et de ne point trop vider ses coffres.

Les moyens que M. de Châteaubriand voudrait mettre en œuvre sont, je crois, impraticables ; on livrerait trop à l'arbitraire les évaluations. Les magistrats, nommés par chaque arrondissement de Cour d'ap-

pel, ne seraient point ceux qui devraient
être chargés d'un pareil emploi ; ils ne
pourraient le faire d'après leur conviction
intime ; ils ne pourraient se rendre sur les
lieux où sont situées les propriétés confisquées ; ils seraient obligés de s'en rapporter
à ceux qui leur donneraient de bons ou de
mauvais renseignemens ; ils ne pourraient
éclairer leur conscience, leur amour pour
la justice, aussi bien que les habitans de
chaque commune où sont situés les biens
confisqués : ils commettraient de graves
erreurs préjudiciables ou à l'Etat ou aux
Emigrés.

Les liquidations traîneraient en longueur ;
l'on ne pourrait, de douze ou quinze ans,
fixer l'indemnité qui reviendrait à chacun ;
des procès sans nombre et interminables
s'élèveraient entre les héritiers des Emigrés
ou entre les héritiers de ces derniers et l'Etat.

Si l'Émigré se présente lui-même, la chose serait plus facile à traiter, quoiqu'elle présentât des difficultés insurmontables ; mais si les héritiers des Émigrés se présentent, comment venir à bout d'examiner leurs quotités, leurs titres? Comment fera-t-on avec les créanciers qui pourraient aussi se présenter ; créanciers, soit de l'Émigré décédé, soit des héritiers de ce dernier ? Il naîtra une confusion inextricable ; des procès innombrables auraient peut-être lieu pour régler simplement les quotités de l'Émigré ou plutôt de ses ayant droit.

Les magistats des Cours d'appel ne peuvent donc pas être chargés de régler l'indemnité des Emigrés : ce travail ne peut être fait que par des habitans désintéressés et demeurant sur les lieux.

Supposant que l'indemnité puisse facilement être fixée pour chaque Emigré ou ayant droit, comment ou par quel moyen leur payera-t-on le revenu de leur liquidation? Est-ce comme le dit M. de Châteaubriand, par les rentes rachetées par la caisse d'amortissement ou en créant de nouvelles rentes?

Je dirai que créer des rentes ou prendre dans la caisse d'amortissement, c'est la même chose ; l'Etat, dans cette circonstance, augmentera sa dette de toute la somme qui sera allouée pour l'indemnité des Emigrés.

Si l'Etat n'avait point de dettes, il vaudrait certainement mieux prendre dans la caisse d'amortissement, pour payer l'indemnité aux Emigrés, que d'emprunter; parce qu'alors en payant des fonds de la caisse d'amortissement, on se libérerait, et qu'en créant de nouvelles rentes, on créerait à l'Etat de nouvelles dettes, et inutilement.

Supposant que l'indemnité des Emigrés soit fixée à 30,000,000 de rentes; si l'Etat

prend cette somme dans la caisse d'amortissement, il payera à ses précédens créanciers 5o,ooo,ooo de moins par chaque année ; si , au contraire , il a recours à l'em-
prunt , il crée pour 5o,ooo,ooo de nouvelles
rentes ; il se trouverait, par conséquent et
dans les deux cas, débiteur de 5o,ooo,ooo
de rentes annuelles de plus.

Le noble Pair exagère beaucoup l'indemnité due aux Emigrés ; il la fixe à 5o,ooo,ooo
de rentes : le maréchal Macdonald ne l'avait
estimée qu'à 5oo,ooo,ooo de capital ; il
pensait que, d'après des calculs , une création de 12 millions paraissait suffisante.
M. de Châteaubriand fait, au contraire,
monter le capital de l'indemnité pour les
Emigrés à 75o millions , puisqu'il parle de
créer pour 5o millions de rentes (dette
sans doute défalquée), ce qui établirait,
entre le noble Pair et le Maréchal, une

différence de calcul de 18 millions de rentes annuelles.

En suivant la division que j'ai cru faire des droits des Emigrés à l'indemnité, il paraîtrait qu'un quart seulement de ces derniers y aurait droit, et que, dans cette circonstance, une création de 3 millions de rentes serait plus que suffisante.

Deuxième paragraphe.

La révolution a-t-elle seule lésé les intérêts des Emigrés ?

Au cas contraire, une indemnité est-elle légitimement et religieusement due à tous ceux qui ont perdu leurs biens dans la révolution, soit par confiscation, soit autrement ? Est-elle due à tous ceux qui ont souffert dans leurs personnes ?

Une indemnité est-elle due à celui qui aurait été vexé, soit dans son emploi, soit dans sa personne, depuis la rentrée du Roi, sous divers ministères, et toujours à cause de son dévouement à la famille des Bourbons?

Les communes ont-elles droit à une indemnité pour raison de leurs fabriques, de leurs biens communaux, aliénés pendant la révolution?

Le clergé, les ordres religieux, de qui on a vendu pour trois milliards de propriété, ont-ils droit à une indemnité?

Je répondrai que les communes ne peuvent ni ne doivent réclamer une indemnité, puisque les sols additionnels sont l'indemnité qui a rempli et au delà les revenus des propriétés communales. Il serait en outre ridicule qu'on demandât à indemniser les communes, quand on a vendu dans toute

la France les biens communaux et presby-
tères. Si l'on accordait une indemnité aux
communes, ce serait la commune qui s'indemniserait elle-même par les impositions ;
car si le Gouvernement doit payer des indemnités, ce sera aux dépens de chaque
contribuable, puisque le Gouvernement ne
possède rien qu'en recevant de ces derniers.

Pour le clergé, il ne peut réclamer une
indemnité, car le Gouvernement là lui paye
tous les jours. Le clergé touche des pensions, il est en outre salarié ; et ce qu'il
touche aujourd'hui du Gouvernement, est
plus considérable que le revenu des propriétés qui ont été confisquées à son préjudice. Il ne peut donc s'agir d'indemniser le
clergé, puisqu'il est indemnisé.

Il n'en est pas de même des autres Français : aucun n'a été indemnisé, et nombre

de familles riches gémissent sous les hail-
lons de la misère.

Je vais, par une digression dont j'abré-
gerai la durée le plus qu'il me sera possible, vous donner par moi-même un échan-
tillon de ce que les Royalistes dévoués et
fidèles ont souffert en France. Vous com-
parerez ensuite les malheurs, les pertes,
les souffrances de ceux qui ont fui le sol
français, avec les calamités de toute espèce
qu'ont endurées ceux qui ont habité la
France pendant les temps affreux de la révolution.

Personne n'ignore que dans le petit nombre des défenseurs de Lyon, ceux qui ont
montré le plus d'ardeur dans les combats,
sont les enfans de quatorze à dix-huit ans.
Ces enfans composaient seuls les compagnies de chasseurs; ils ont tous donné des
preuves du courage le plus héroïque. Les

Lyonnais, en général, se sont bien montrés; mais les enfans ont fait des prodiges.

Je n'avais que quinze ans et quelques mois, quand mon père, mon frère, âgé de quatorze ans, et moi, nous nous offrîmes pour être les défenseurs de Lyon. J'étais doué par la nature d'une force peu commune, d'une santé robuste; je pouvais supporter facilement toutes les privations et toutes les rigueurs des saisons.

Pendant les deux mois qu'a duré le siége de Lyon, du 8 août au 9 octobre 1793, je n'ai pas couché une nuit dans un lit. J'ai toujours été aux postes avancés, et, pendant toutes les nuits, plus de trois heures en sentinelle perdue. J'avais cela de commun avec toute ma compagnie, et tous les chasseurs rivalisaient d'ardeur et de courage; et, ce qui paraîtra extraordinaire, Lyon n'était défendu que par neuf mille hommes, dont trois milles des plus jeunes combattaient sans cesse; car les sentinelles se tiraient dessus sans discontinuer le jour et la nuit; les autres six mille étaient employés à surveiller les malveillans qui mettaient le feu aux maisons. Ces six mille hommes surveillaient encore les prisonniers que l'on employait à la confection des redoutes.

J'ai été acteur dans toutes les affaires les plus meutrières du siége; car M. Deprécy envoyait ma compagnie partout où il y avait du danger. J'ai reçu trois coups de feu et un coup de sabre, soit pendant le siége, soit à la sortie.

Pendant le siége, lorsque M. Deprécy me rencontrait, il me louait en présence de mes compagnons d'armes. Ce général avait sans doute le secret pressentiment qu'il me devrait un jour plusieurs fois la vie.

J'ai fait quelques actions d'éclat; mais je
ne citerai que la dernière. Lyon n'avait
plus de vivres que pour deux jours , et seulement pour ceux qui occupaient les postes
avancés, lorsqu'une trève de trois jours fut
consentie entre les parties belligérantes , le
8 octobre 1793. L'on se croyait tranquille ,
lorsqu'il plut à l'armée de Dubois-Crancé
de nous attaquer du côté de Saint-Just. On
avait délivré des permissions pour aller en
ville, ce qui avait dégarni tous les postes.
Nous n'étions que huit hommes à celui de
Saint-Irénée , à la redoute en planche. Nous
soutînmes cependant seuls , avec deux
pièces de canon , l'attaque des assiégeans ,
depuis trois heures de l'après-midi jusqu'à
la nuit.

Réduits à quatre , nous nous reployâmes
sur la dernière redoute, au coin de la rue
Trion à Saint-Just (à l'Arbre de la Liberté)

où nous parvînmes, non pas sans peine, à nous réunir vingt à vingt-cinq. L'on ne tarda pas à nous attaquer avec fureur ; mais nous nous défendîmes avec tant de succès , avec des canons et nos fusils , que nous n'entendîmes plus chez les assaillans que les cris d'hommes blessés. Il n'y avait qu'un seul passage pour venir à nous, dans une rue très-étroite : on doit juger quel effet ont dû produire plus de vingt coups de canon à mitrailles. On nous envoya bien quelques obus et quelques boulets, mais on n'osa plus nous attaquer de près.

Que seraient devenus, sans la résistance de quelques généreux enfans, les habitans et les propriétés de la ville de Lyon, livrés sans défense à toutes les passions, à toute la fureur qui agitaient les assaillans. Sans nous, c'était fait de Lyon ; cette belle ville aurait été mise à

*feu et à'sang, elle aurait été détruite de
fond en comble.*

Par notre belle défense, nous nous don-
nâmes le loisir de préparer une sortie,
puisque les assaillans n'osaient plus se présenter à nous. On dit même qu'ils n'entrè-
rent que très-tard le 9 octobre, nous croyant
toujours à nos postes, et appréhendant
quelques embûches.

Nous fîmes la sortie, au nombre de mille,
le 9 octobre ; savoir, quatre cents hommes
de cavalerie, et six cents hommes de pied.
M. de Précy était à notre tête. Nous passâmes par Vèze, et nous allâmes en avant,
en franchissant les redoutes des assiégeans qui ne purent nous résister ; mais,
n'ayant pu passer la Saône à Limonai,
notre cavalerie fut toute détruite ou prise
dans cette plaine.

L'infanterie se jeta, à l'aide des brouillards , sur Saint-Cire , au Mont-d'Or. De toute part on sonnait le tocsin ; les paysans nous couraient dessus comme sur des bêtes fauves ; les troupes régulières nous serraient aussi de très-près : enfin, de six cents hommes d'infanterie, nous fûmes réduits dans la même journée à deux cents.

Nous passâmes la nuit dans le bois d'Alix ; le jour suivant fut pour nous bien plus malheureux encore. Nous n'arrivâmes sur la hauteur de Popée , près de Clévi et des Arnas , qu'au nombre de vingt-trois , y compris M. de Précy, qui se retira alors dans le bois voisin, 'après avoir prié son aide de camp, M. Restier, de chercher à nous sauver par une capitulation.

La nuit n'était pas éloignée , et aussitôt après le départ du général , nous fûmes attaqués vigoureusement par plus de dix mille hommes; nos efforts ne servirent

qu'à nous faire égorger : nous fûmes tous
tués ou blessés. Le général seul et le sieur
Giraud de Poncharras, qui étaient entrés
dans le bois avant cette dernière affaire, ne
furent point blessés.

Je me jetai dans le bois qui était très-
touffu, et qui avait une grande étendue.
Je n'y fus pas plutôt, que le sang qui se ré-
pandait abondamment par deux blessures,
me causa un évanouissement : il se passa
des horreurs près de moi que je ne vis que
quand j'eus repris mes sens. Toutes ces
scènes d'horreurs étaient éclairées par le
plus beau clair de lune possible : aussi
distinguai-je, non loin de moi, plusieurs de
mes camarades morts et horriblement mu-
tilés.

Je me glissai plus avant dans le bois,
dans l'espérance de trouver mon général,
M. de Précy, que j'y avais vu entrer avant

l'affaire. J'eus le bonheur de le rencontrer ,
après avoir trouvé aussi par hasard le nommé Giraud qui était habitant de Poncharras,
commune située à une lieue et demie environ de l'endroit où nous nous trou-
vions.

Notre conducteur Giraud se trompa pendant deux nuits de suite ; car nous ne mar-
chions que la nuit , et nous nous blotissions
le jour dans les endroits les plus touffus des
bois. Il nous fit beaucoup et long-temps
marcher à travers les bois-taillis ; et , par
une fatalité sans exemple , nous avions la
douleur au jour de nous retrouver à peu
de distance des lieux d'où nous étions partis
chaque nuit. Dans notre malheur, nous
eûmes à nous féliciter de n'avoir fait ni la
nuit , ni le jour , aucune fâcheuse rencon-
tre ; et nous ne fûmes pas peu flattés du
bonheur de trouver dans mon sac assez de

nourriture pour nous sauver du moins des horreurs de la faim.

Nous étant orientés dans le jour, nous avançâmes cependant, tous trois, la troisième nuit, en côtoyant la rivière de Tarare au bas de la montagne de Joux, au milieu des plus grands dangers, sous le bruit assidu, et de nuit et de jour, des coups de fusils, accompagnés des gémissemens de nos compagnons massacrés, prélude certain du sort qui nous menaçait.

Nos provisions consommées, M. de Précy, accablé de faim et de fatigues, tomba deux fois en défaillance; nous le conduisîmes quelques pas, le tenant tous deux sous les bras; mais le général étant tombé sans mouvement, je fus obligé de le porter plus d'une lieue de chemin dans les montagnes, et, comme vous le pensez, en me reprenant plusieurs fois; Giraud m'aidant à marcher en me donnant le bras.

Nous arrivâmes au lever de l'aurore, et après deux heures d'une marche pénible pour moi, dans les bois de Violey où je déposai mon précieux fardeau.

M. de Précy reprit bientôt ses forces, le sieur Giraud nous ayant procuré quelque nourriture qu'il avait été chercher chez un de ses parens. Nous fûmes reçus la nuit suivante par un habitant de Violey (Loire) : enfin, le sieur Giraud nous conduisit à Saint-Agathe (Loire), chez le sieur Ligou, dit Legrand; ce brave homme fournit au général et à moi un souterrain pour nous mettre à couvert des armées révolutionnaires. J'ai demeuré deux mois avec mon général dans le souterrain qu'il a habité dix-huit mois.

Avant de quitter M. de Précy, je lui procurai de l'or, du linge et des assignats, que j'étais allé lui chercher au péril de ma vie, chez M. Jules, à trois lieues de notre re-traite.

Revenu à Lyon, je fus arrêté dans cette ville avec mon père et mon frère : mon frère et moi fûmes mis en liberté, à cause de notre jeune âge ; car il fallait avoir dix-huit ans pour être fusillé ; il m'arriva cepen-dant une catastrophe quelques jours avant d'être libre. Je fus jugé par la commission révolutionnaire (commission des sept). Ces brigands ne prononçoient leur jugement que par des signes de convention connus des geôliers seuls. De sorte que l'on sortait de ce tribunal de sang sans savoir si l'on avait la liberté; sans savoir si l'on retour-nait en prison : sans savoir, enfin, si l'on allait à la mort.

On me jeta par erreur dans la mau-

vaise cave , lieu où l'on mettait ceux qui
devaient être fusillés ou guillotinés : nous
étions au nombre de soixante-douze.

Nous passâmes la nuit à chanter, atten-
dant même avec impatience la mort qui
devait nous délivrer de la vue de nos assas-
sins , et du supplice le plus cruel de tous:
celui d'entendre chaque jour de l'hôtel-de-
ville, les coups qui faisaient perdre la vie
à nos malheureux compagnons d'infor-
tune.

L'heure de l'exécution approche ; on
nous attache quarante-deux pour la fu-
sillade et trente pour la guillotine. Nous
allions à la mort en chantant , et criant
Vive le Roi ! lorsque, je ne sais par quel hasard , croyant n'avoir plus que quelques
minutes à vivre , je fus détaché de la chaîne
près le pont Morand , et reconduit en
prison.

Je fus mis en liberté peu de jours après;
mais mon malheureux père fut assassiné
juridiquement. Son jugement portait, *condamné à mort comme Émigré , contre-
révolutionnaire et royaliste;* ses biens
furent confisqués. Le mobilier de mon
père , qui valait plus de 40,000 francs , fut
pillé , on ne nous laissa pas même une
chemise. La république a reçu encore
pour nous 12,000 francs, pour quatre années du revenu de nos biens qu'elle s'était
approprié.

Je me rendis ensuite chez un de mes
oncles, à Saint-Simphorien-de-Lay, éloigné
de trois lieues de la retraite de mon général. De cette petite ville j'allais visiter ce
dernier régulièrement deux fois par se-
maine; je lui prodiguais tous les soins ,
toutes les consolations dont je pouvais être

susceptible, et ce, pendant dix-huit mois qu'il a habité son souterrain.

Un enfant de moins de seize ans, a su garder un secret aussi important que celui-là pendant près de dix années. Si la retraite de M. de Précy eût été découverte, on peut le penser, le général aurait payé de sa tête la belle défense de Lyon; la malheureuse commune de Sainte-Agathe aurait sans doute été incendiée, et le brave qui avait donné asile à M. de Précy, aurait irrévocablement subi le même sort que lui.

M. de Précy étant parti pour la Suisse, tous les malheurs que j'avais éprouvés né m'empêchèrent pas de servir le parti royaliste; j'essayai, avec quelques amis, de former une nouvelle Vendée dans les bois du Puy-en-Vélay. Après quelques coups de fusil donnés et reçus, ne trouvant pas notre troupe assez nombreuse pour tenir la campagne, nous nous retirâmes.

Je ne fus point découragé ; car, à la tête d'un parti royaliste, j'osai couper ou faire couper des arbres de liberté ; pour ce fait, j'aurais été condamné à mort par contumace, sans M. Regnier, mon oncle maternel, qui était accusateur public. Je fus obligé néanmoins de me cacher pendant près de cinq ans.

Je viens de parler de moi, et combien de mille personnes ont éprouvé les mêmes malheurs, ont enduré les mêmes souffrances, et ont montré le même dévouement !

Je vais actuellement, Colonel, vous parler de ceux qui ont été à Gand, et qui ont été vexés pour avoir montré dans cette circonstance de la fidélité et du dévouement pour Sa Majesté, qu'ils n'ont point abandonnée. Je vais encore me donner pour exemple.

Me trouvant à Paris pour affaire, dans le mois de mars 1815, je vis, par une affiche que le Roi faisait un appel à ses fidèles sujets. Je ne pus tenir au désir de prendre les armes, je me fis agréger à la compagnie des gardes de la porte de Sa Majesté. Le 20 mars arriva; je ne craignis point d'abandonner mon état, ma fortune, je suivis le Roi à Gand, malgré notre licenciement à Béthune. Je passai la revue à Ipres, de S. A. R. Monsieur, le 27 du même mois de mars 1815. J'ai fait, comme vous le savez, Colonel, toute la campagne de Belgique; je suis rentré en France avec le Roi, et ai fait le service au château jusqu'au licenciement, 1er. janvier 1816.

En revenant de Gand, nous nous attendions tous à être placés avantageusement.

Chose étonnante, pour récompense, on ne nous jugea dignes que d'une amnistie!

Protégé par LL. AA. RR. Monsieur, Ms^r le Duc de Berry, et par S. A. R. Madame, je me cru nommé à un poste honorable dans le civil. J'en eu dix fois la promesse verbale de la part du ministre dirigeant, toutes les fois que je me trouvais sur son passage en sentinelle au château.

S. A. R. Madame exigea du Ministre ma nomination à la place que je recherchais; le Ministre promit tout et n'en fit rien, puisque je ne fus point du nombre des élus. Je fis parvenir mes justes plaintes à S. A. R., qui daigna envoyer le secrétaire de ses commandemens auprès du Ministre, pour savoir la cause qui l'avait engagé à manquer à ses promesses. Il répondit qu'il y avait eu erreur, mais qu'il allait la réparer. En effet, au lieu d'une place civile, je

fus nommé dans les vingt-quatre heures à
une place militaire, que je.n'ambitionnais
certainement pas, et qui me fut donnée par
mystification. J'acceptai néanmoins cette
place, le 8 février 1816; et quoique le service que je faisais ne pouvait m'être agréable, je m'en occupai cependant avec la
plus grande exactitude, pendant tout le
temps que j'ai exercé.

Je me croyais de grandes protections; je
devais donc espérer obtenir bientôt une
place civile honorable; lorsqu'à mon grand
étonnement, le 7 février 1817, au moment
que je sortais de chez moi pour me rendre
où m'appelait mon service, je rencontrai,
au bas de mon escalier, un gendarme qui
me présenta un ordre du colonel pour gar-
der.les arrêts de rigueur, sous la surveil-
lance du même gendarme.

Après quinze jours d'arrêts arbitraires,

et le 22 février 1817, je reçus la copie d'un arrêté du P......., en date du même jour par lequel il m'était enjoint de cesser mes fonctions ; fondé, est-il dit, *sur ce que je tenais journellement des propos répréhensibles ; sur ce que je prenais une part active à des intelligences coupables, et sur ce que je m'attachais à jeter de la défiance sur les actes du Gouvernement.*

Je fus destitué sans avoir été entendu, avec l'arbitraire le plus révoltant, et pour des motifs qui, s'ils eussent été vrais, devaient au contraire me faire espérer une meilleure place ; car on me reprochait un dévouement sans bornes pour les princes et pour la famille des Bourbons ; on me reprochait mes visites au château, que l'on disait être trop fréquentes : les mots mystiques employés dans ma destitution, sont donc très-faciles à interpréter.

Enfin, le 11 juin 1817, Sa Majesté me réforma honorablement, puisqu'elle daigna m'accorder deux mois de solde de mon grade.

Je me plaignis de ma destitution aux princes : les premiers gentilshommes me répondirent que l'on ne pouvait rien faire pour moi, et que la recommandation d'un prince à l'égard de la destitution dont je me plaignais, me deviendrait plus nuisible qu'utile. Quoique sous le poids de cette injuste destitution, je n'ai fait aucune démarche jusqu'à l'avénement de Charles X au trône de ses pères. Ce fut alors que je présentai une supplique à Sa Majesté, par laquelle je lui demandai à être jugé ; que, mon innocence reconnue, je fusse réintégré sur le contrôle des officiers de l'armée, et que ma demi-solde me fût payée depuis le 22 février 1817, époque de l'injuste et monstrueuse destitution dont j'étais encore la victime.

Vous ne croiriez jamais, mon cher Colonel, ce qui a été répondu à ma supplique au ministère. de la guerre, à moins que vous ne vous rappeliez aussi qu'on vous a ôté le commandement en second d'une légion que vous aviez entièrement organisée, sans que vous ayez pu parvenir à en savoir la cause, et à moins qu'enfin vous ne vous rappeliez que vous avez une retraite de réforme, quoique vous soyez capable de faire comme moi un service très-actif.

Hé bien! on m'a répondu de vive voix que je ne pouvais être réintégré sur le contrôle des officiers de l'armée, parce que j'avais été destitué pour avoir tenu des propos répréhensibles.

Je répondis, j'ai bien été destitué arbitrairement d'un emploi militaire par une

puissance civile qui a excédé ses pouvoirs,
mais mon nom est resté sur les contrôles des
officiers de l'armée, depuis le 22 février
1817, jusqu'au 11 juin même année, trois
mois et demi après l'époque de mon injuste destitution. Je n'ai point été destitué
par le ministre de la guerre : et Son Excel-
lence était bien loin d'y penser ; car, dans
une audience particulière que Mgr. le Duc
de Feltre daigna m'accorder dans le mois
d'avril même année, il me dit, je vois que
vous êtes victime de votre dévouement et
de votre fidélité aux princes; je ne puis
rien pour vous, à mon grand regret; j'ai
à craindre pour moi-même. J'ai été ré-
formé par Sa Majesté, mais honorablement, puisqu'il est écrit que Le Roi m'accorde, à titre de récompense de mes ser-
vices, une indemnité de deux mois de solde
de mon grade, ce qui est bien différent;

une récompense n'est certainement point une destitution.

Je m'écriai, vivent Charles X et les Bourbons, quand même...; si le Roi le savait... et je me retirai.

Aurais-je été destitué au lieu d'être indemnisé ou récompensé, parce que je fus un des défenseurs'de Lyon en 1793, et qu'à cette époque j'eus le bonheur de sauver plusieurs fois la vie à M. de Précy, ce qui n'était pas agréable aux hommes de ce temps ! Aurais-je été destitué, parce qu'en 1793, mon père fut victime de la terreur, que ses biens furent confisqués, et parce que je fus réduit à la misère? Mon père fut assassiné juridiquement, comme Émigré, contre-révolutionnaire et royaliste, Aurais-je été destitué, parce qu'à la tête d'un parti royaliste, je m'étais avisé de couper ou de faire couper des arbres de liberté, et

parce que cette action faillit me faire con-
damner à mort, et que, pour ce fait, j'ai été
obligé de me tenir caché plus de cinq ans?

Aurais-je été destitué parce que je n'ai
pas craint de perdre un état lucratif pour
suivre le Roi à Gand, au 20 mars 1815?

N'ai-je pas été destitué, à l'insu de
Louis XVIII, parce que j'allais souvent au
château et que j'étais protégé des princes,
ce qui ne plaisait pas aux hommes en place
en 1816, en 1817? J'ai été destitué pour Son
Altesse Royale Monsieur, et parce que j'a-
vais obtenu mon emploi des bontés et par
ordre de Son Altesse Royale Madame; et,
sous Charles X, on me refuse (*encore à son
insu*) une place, un emploi. On refuse
de me réintégrer sur le contrôle des officiers de l'armée; enfin, on me réprouve
pour avoir été fidèle et dévoué aux princes.

Si Sa Majesté eût daigné lire mon placet

elle se serait peut-être rappelée qu'en
1816, S. A. R. Monsieur, promit pour moi
à MM. les Députés du Rhône et de la
Loire, la Croix de Saint-Louis, pour avoir
sauvé la vie à M. le Comte de Précy en
diverses circonstances. S. M. se serait peut-
être rappelée que S. A. R. Monsieur leur
a offert pour moi une pension. Enfin, si
le Roi eût lu ma pétition il se serait peut-
être rappelé que son S. A. R. Monsieur a
daigné me faire recommander plusieurs fois,
soit auprès du ministère de la guerre, soit
auprès des chefs des diverses administra-
tions, par ses premiers Gentilshommes et
par M. de Kiusinghen.

Croyez-vous, mon cher Colonel, que,
comme les émigrés, j'aie droit à une indemnité et à une récompense ? Croyez vous
enfin que j'obtiendrai l'une et l'autre ?
Croyez-vous que les héritiers des condamnés

comme émigrés royalistes et contre-révo-
lutionnaires seront assimilés aux émigrés?

Vous voyez que les notes écrites sur les
registres et sous différens ministères, peuvent être mal interprétées par les chefs des
bureaux , par les Ministres eux-mêmes ;
surtout s'ils ne considèrent point l'époque
à laquelle elles ont été données , s'ils ne
considèrent point quel pouvait être le but
ou le motif de l'homme en place qui desti-
tuait alors , faisait arrêter à volonté , avait
droit de vie et de mort sur les citoyens.... .

Les fonctionnaires publics peuvent com-
mettre de graves erreurs par défaut de
réflexion, et se rendre coupables d'arbitraire et de la plus révoltante injustice, en
sanctionnant sans examen la monstrueuse
destitution d'un homme dont tout le crime
fut d'avoir été dévoué et fidèle aux Bourbons. Les fonctionnaires publics sanction-

neraient donc par inadvertence la destitution d'un homme qui mériterait les plus
grandes récompenses, si on voulait examiner scrupuleusement ses titres aux bontés du Roi.

Dire, en 1816 et 1817 que l'on destitue
(à l'insu de Louis XVIII) *sous le faux
prétexte qu'il aurait tenu journellement
des propos répréhensibles, qu'il aurait
pris une part active à des intelligences
coupables, qu'il se serait attaché à jeter
de la défaveur sur les actes du gouvernement,* c'est absolument la même chose
que les destitutions, les vexations qui
atteignirent les royalistes en 1793, car
1816 et 1817 furent le 93 de tous ceux qui
avaient été à Gand et de tous ceux qui
visitaient le pavillon Marsan.

Revenons à l'indemnité que je crois être

due à tous ceux qui ont souffert dans la révolution, soit dans leurs biens-meubles et immeubles, soit dans leurs personnes.

Si les Émigrés ont perdu neuf cent millions par l'effet de la révolution, par cette même calamité les Français qui sont restés sur le sol de la France, exposés à tous les effets de la révolution, ont perdu, soit en meubles, soit en immeubles, plus de neuf milliards.

Si une indemnité est accordé aux Émigrés, il est plus que juste de l'accorder à ceux qui, restés dans l'intérieur, ont affronté tous les dangers, ont été victimes des plus cruelles vexations, et ont perdu leurs meubles et immeubles.

Si une indemnité est accordée aux Émigrés, il faut en accorder une à leurs créanciers que la république a soldés avec du papier; cette indemnité doit leur

être accordée, suivant l'échelle de dépré-
ciation du papier-monnaie.

Tous les négocians de la France et surtout ceux des ports de mer, ceux de Lyon,
etc., ont des indemnités considérables à
réclamer à cause de la dévastation de leurs
magasins. Sous l'odieux maximum, de toutes parts il arrivait de la campagne, dans
les grandes villes, des individus qui, munis
d'autorisations et de passeports de certains
maires avec lesquels ils s'entendaient : ces
individus, sous prétexte d'approvisionner
les communes de denrées coloniales, dé-
vastaient, par le maximum, les magasins
des gros négocians ; ils arrivaient ensuite
la nuit dans leurs habitations, munis des
objets volés, ils les cachaient soigneusement
et les revendaient clandestinement à des
prix exorbitans. Certains de ces brigands
ont fait des fortunes colossales par ces
honteux moyens.

Je connais à Paris un malheureux négociant de Lyon, qui a perdu, par les réquisitions de chevaux qu'il avait sur le Rhône, plus de 80 mille fr.; on lui enleva aussi plus de quatre cents pièces de vin.

On citerait dans la France plus de cent mille négocians qui ont fait des pertes bien plus considérables.

A-t-on accordé quelque chose aux Lyonnais et aux Vendéens? Pour les Lyonnais, quatre seulement ont été récompensés; ils avaient perdu chacun un membre au siége; S. A. R. Monsieur, lors de sa première visite à Lyon, leur a donné la croix-d'honneur: ils ont eu aussi chacun une pension.

MM. Madinier et Gingène ont aussi reçu du Prince la croix de Saint-Louis, et le sieur Gingène a eu une pension de la ville de Lyon. Tels sont les seuls Lyonnais qui ont été récompensés Celui qui a sauvé la

vie au comte de Précy n'a rien obtenu. Il
il est vrai qu'il ne se trouvait pas à Lyon
au passage de S. A. R.

Pour ce qui est de la Vendée, quelques
chefs ont été récompensés de leur fidélité,
de leur dévouement; ils ont obtenu des
décorations, des grades militaires éminens
et quelques places; mais ils n'ont pas été
indemnisés des ravages, des destructions
qu'ont éprouvées leurs propriétés dans les
guerres civiles.

M. de Châteaubriand nous dit « que les
» spoliations apprennent malheureusement
» à ceux qui n'ont rien qu'on peut impu-
» nément déposséder ceux qui ont quelque
» chose; qu'il faut, dit-il, détruire par
» l'exemple l'effet pernicieux donné à l'Uni-
» vers; qu'il faut, par une loi juste, prou-
» ver qu'on ne viole pas en vain les proprié-
» tés, et qu'il n'est point permis de donner

» à l'encan le bien de la veuve et de l'or-
» phelin. »

Je suis d'accord sur le principe émis par
M. de Châteaubriand dans les lignes qui
précèdent, sur l'inviolabilité des propriétés;
mais je suis en dissidence avec lui sur l'ap-
plication. En lisant sa lettre, ne se convain-
crait-on pas que M. le Vicomte n'entend
parler que des Emigrés? que ceux-ci ont
seuls des propriétés inattaquables? qu'il est
dû à eux seuls une indemnité? qu'ils ont
seuls montré du dévouement et de la fidélité? enfin qu'ils méritent seuls tous les
honneurs. les places, les richesses; que
dans les mains d'eux seuls doit être confié
le pouvoir?

Ne tirerait-on pas, de la lettre du noble
Pair, la conséquence inouie que les spolia-
tions qui ont eu lieu, au préjudice des
Français restés en France, n'apprennent

point heureusement à ceux qui n'ont rien,
qu'on peut déposséder impunément et sans
crime ceux qui ont quelque chose; que
l'on a pu vexer, piller, égorger, etc. , les
Français qui n'ont point émigré , sans tirer
à conséquence; que toutes ces calamités
ne sont rien , que même ceux qui en ont
été les victimes n'ont pas le droit de se
plaindre......

Que l'on n'a pu, en aucune manière, par
des dilapidations , etc....., commises sur
ceux qui sont restés en France, donner un
exemple pernicieux à l'Univers ; que , les
Emigrés une fois indemnisés, la société est
vengée, qu'il n'y a plus de maux à réparer.

Qu'il n'est pas nécessaire d'une loi d'indemnité pour prouver qu'on n'a pas pu
violer en vain les propriétes des Vendéens ,
des Lyonnais et autres.....; Qu'il n'est pas
nécessaire d'une loi pour prouver à la face

de l'Univers qu'il n'est pas permis de donner à l'encan le bien de la veuve et de l'orphelin, pourvu que ces biens ne soient pas
ceux des Emigrés.

Penserait-on que les biens, la vie, etc....
des Français qui ont montré en France certainement plus de dévoument, de courage,
plus de fidélité que les Emigrés, n'étaient
point leurs propriétés, et qu'ils ont pu et
dû tout perdre sans espoir d'indemnité?

Penserait-on. . . . .
Que de réflexions ne ferait pas naître la
lettre du noble Pair, quand on voit qu'il
réclame, pour les Emigrés seuls, une indemnité !.....

Je dirai à M. le vicomte de Châteaubriand:

Peut-on oublier le maximum et les bour-
reaux qui ont confisqué biens-meubles et
immeubles, et ont pillé le mobilier ? Peut-
on oublier qu'on a abattu les façades de

Bellecour et beaucoup de maisons de la
ville? qu'un milliard n'indemniserait pas
les héritiers des malheureuses victimes de
la terreur, dans la ville de Lyon?

Peut-on oublier celui qui a été ruiné
par le maximum? Celui à qui on a pris
une partie ou une totalité de son bien,
par des réquisitions de chevaux, de denrées, etc., etc.? Peut-on oublier le rentier
à qui la république a fait banqueroute des
deux tiers de ses rentes? Peut-on oublier
ceux qui avaient des 'charges à cautionne-
ment, à qui on n'a pas remboursé la cen-
tième partie de leurs dépôts? Peut-on oublier celui qui a perdu toute sa fortune
par l'émission et l'anéantissement du papier-monnaie?

Peut-on oublier ceux de qui on a pillé le
mobilier, de qui on a joui des biens-immeu-
bles pendant près de quatre ans?

Peut-on oublier ceux dont les maisons
ont été renversées, détruites de fond en
comble, soit par l'effet de la guerre civile,
soit par les démolitions ? Peut-on oublier
les pères et les mères des enfans, leur sou-
tient, qui ont été décimés par l'effet des
réquisitions !

Peut-on oublier ceux qui ont passé tout
le temps de la révolution dans des angoisses
terribles ! Peut-on oublier cette foule de
victimes incarcérées dans les unes et mille
bastilles éparpillées sur le sol de la France,
en proie à toutes les horreurs d'une déten-
tion, plus ou moins prolongée..... et qui
aurait fini par une mort certaine, comme
tant d'autres, si la Providence n'avait daigné débarrasser la France du monstre qui
décidait du sort de tous les Français !

Peut-on oublier que, pendant le siége
de Lyon, la ville a été en proie aux flammes,

6

à la famine ? que les bombes et les obus ont
fait sauter les maisons ? que les habitans ont
perdu corps et biens !

Peut-on oublier (lorsqu'il s'agit d'indemnités) que la hache révolutionnaire , les
fusillades et les canonnades , ont détruit plus
de dix mille Lyonnais ? Peut-on oublier les
noyades de Nantes !

Peut-on oublier que ceux qui ont porté
les armes en France pour la cause royale,
dont les pères et les parens ont payé de
leur tête leur attachement , leur dévouement, leur fidélité , doivent être assimilés
aux Emigrés ! ce serait de la plus grande
injustice de les oublier quand on parle d'accorder une indemnité. Et comment oublie-
rait-on celui qui a arrosé de son sang les
champs Vendéens, les rues, les postes de
Lyon, pendant le siége , ou qui a arrosé de
à la sortie, les champs, les bois des

départemens du Rhône et de la Loire !

Peut-on oublier les malheureux habitans de la Vendée, dont on a ravagé les champs, incendié les maisons, et sur le sol de qui on a massacré impitoyablement femmes et enfans !

Les Vendéens, les Lyonnais et autres, n'ont-ils point autant mérité l'indemnité que ceux qui, pour sauver leur vie, ont fui le sol Français, tandis que les Vendéens, les Lyonnais et autres, ont bravé l'orage et sont morts chez eux aux cris de : Vive le Roi !

Parle-t-on seulement d'indemniser les malheureuses victimes dont je viens de faire mention, et qui ont de vrais droits acquis ! eux dont la présence a conservé le sol et entretenu les principes de fidélité existans dans le cœur de tous les Français ! Parle-t-on de ceux qui ont entretenu les principes de vie en faveur des Bourbons !

Est-ce vous, Emigrés, qui avez conservé la France dans la mémoire des Bourbons, pendant plus de vingt-cinq ans ! Est-ce vous qui avez demandé nos souverains légitimes aux alliés !.

Emigrés ! vos pertes , vos souffrances, vos malheurs , peuvent-ils être comparés avec ceux dont je viens de vous retracer la terrible image !

Qu'il me soit permis, avant de passer au troisième paragraphe , de faire les questions suivantes à M. le vicomte de Châteaubriand :

Que vous ont fait les négocians de toute la France qui ont été ruinés par le maximum !

Que vous ont fait les paisibles propriétaires à qui on a demandé tantôt le quart , tantôt le tiers de leurs biens ; qu'on a accablé de réquisitions, à qui on a enlevé chevaux, voitures, récoltes, sans payer un sol, à qui on n'a pas même laissé le strict nécessaire?

Qu'ont fait au noble Pair les malheureux rentiers au préjudice de qui le gouvernement a fait banqueroute, en diminuant leurs rentes des deux tiers ?

Que lui ont fait ceux que le gouvernement a réduits à la misère par l'émission des papier-monnaie donné pour une valeur nominative (à circulation forcée), et qui n'est resté dans leurs mains que comme une valeur fictive ?

Qu'ont fait à M. le Vicomte les créanciers des émigrés à qui la république a remboursé le montant de leurs créances en papier ?

Pourquoi le noble Pair ne s'interresse-t-il pas à leur sort comme à celui des émigrés ?

Qu'ont fait à M. de Châteaubriand les malheureuses victimes des guerres civiles

soit de la Vendée, soit de Lyon.........
et les descendans ou héritiers de ceux qui
ont été victimes des noyades de Nantes ?

Qu'ont fait au noble Pair les parens ou
héritiers de plus de dix mille personnes
qui ont été canonnées, fusillées guilliotinées dans la malheureuse ville de Lyon ?

Que vous ont fait les habitans de cette
ville intéressante, de qui on a fait sauter
les maisons pendant le siége, de qui on
a démoli les maisons ensuite de ce même
siége, et de qui on a pillé le mobilier ?

Que vous ont fait les habitans de la
Vendée, dont on a ravagé les campagnes,
dont on a incendié les habitations, que
l'on a ruinés de fond en comble, et sur qui
on a exercé des cruautés inouïes en massacrant impitoyablement femmes et enfans ?

Tous n'ont-ils pas aussi bien défendu la

cause de la royauté en France que les Emigrés dont la plupart n'ont rien eu à appréhender que la perte de leurs biens, leur sortie de France ayant mis leur tête à couvert? Est-ce que les Lyonnais, les Vendéens et beaucoup d'autres, n'ont pas montré autant de fidélité et de dévouement que les Emigrés? Serait-il juste de faire payer une indemnité aux Emigrés par ceux qui ont plus souffert et plus perdu qu'eux dans la révolution, et encore de ne leur accorder aucune indemnité?

Pourquoi le noble Pair ne se sert-il pas de toute son éloquence pour demander, en faveur de tous ceux qui ont souffert dans la révolution, soit dans leurs biens, soit dans leur personne?.... C'est sans doute un oubli que le noble Pair s'empressera de réparer dans sa prochaine Lettre : il est trop bon royaliste pour ne pas y penser.

Ne pas proposer une indemnité pour tous
ceux qui ont au moins autant de droit que
les Emigrés ; espérer qu'une loi accordera
une indemnité aux Emigrés, sans parler
de tous ceux qui ont plus souffert, qui ont
montré plus de fidélité, plus de dévouement qu'eux, serait une chose contraire à
toutes les notions de justice. Cette indemnité, bien loin d'être salutaire, heureuse,
conciliatrice, équitable ; cette loi, bien
loin de rétablir l'harmonie entre les citoyens ; bien loin (comme le dit M. le Vicomte) d'ôter aux esprits turbulens tout
prétexte de trouble, tout moyen d'agir sur
les intérêts et les passions : la loi d'indemnité, dis-je, accordé aux émigrés seulement, bien loin de produire ce salutaire
effet, réveillerait les passions, exciterait
les haines, les inimitiés ; cette loi éveille-
rait toutes les discidences d'opinion ; elle

serait une cause de subversion de tous les principes; et toutes les plaies de la revolution deviendraient saignantes.

Troisième et dernier Paragraphe.

Est-il possible que la France puisse payer une indemnité à tous ceux qui prétendent y avoir droit? est-il même juste de le demander?

Je vais prouver en peu de mots que la chose est impossible, et qu'il est même injuste de l'espérer; car, si l'on voulait payer l'indemnité qui est dûment acquise par tous les Français qui y ont un juste droit, il faudrait un capital de rente de plus de dix milliards qui, à deux pour cent, nécessiterait une création de deux cents millions de rente, à payer chaque année.

7

Pour payer deux milliards de rente, il
faudrait augmenter les impositions; et
pourquoi ! pour que les Français se payent
les uns aux autres des indemnités ; pour
que la France paye à la France : la chose
serait impraticable. Je dis impraticable
parce qu'on ne pourrait en faire les fonds ;
que les impôts ne pourraient se payer, et que
le contribuable est déjà plus que surchargé.

Et quand, par un effet auquel on ne doit
pas s'attendre, tous les cœurs seraient dis-
posés à accorder des indemnités, ou toutes
les indemnités dont j'ai fait mention, n'est-
il pas de la dernière évidence qu'il faudrait
gréver à perpétuité les nations futures !

La génération actuelle a-t-elle le droit de
ruiner ses descendans ?

Je crois que tout bon Français doit désirer le bonheur de son pays ; il doit désirer
voir la France riche et prépondérante; et,

en ruinant la France, par des rentes créées au-dessus de ses revenus , c'est lui ôter toute sa force, toute son énergie : c'est la paralyser , c'est la rendre, pour ainsi dire , tributaire des autres puissances : c'est anéantir le commerce et plonger les citoyens dans la plus affreuse misère.

Nous devons tous désirer que les coffres de l'État se remplissent ; que la France se libère promptement en rachetant, de l'excédant de ses revenus , les anciennes rentes créées ; que les impôts soient réduits et que le commerce reprenne de la vigueur.

Ainsi donc, mon cher Colonel , plus d'indemnités pour qui que ce soit , tel est mon avis , puisqu'on ne peut justement la payer aux uns sans la payer aux autres.

Oublions toutes les inimitiés personnelles que la révolution avait enfantées ; que les Français ne soient plus qu'un peuple de frères et d'amis ! Plus de partis divers, plus de dissentions. Réunissons-nous tous pour crier : Vivent les Bourbons ! vive Charles X ! Jurons de mourir pour notre patrie, et renonçons pour toujours à toute indemnité.

La France, la belle France, avec cette manière de penser, est invincible.

Je suis, mon cher Colonel, le meilleur de vos amis,

EUSÈBE GORGERET,

EX-GARDE DE LA PORTE DE SA MAJESTÉ.

www.ingramcontent.com/pod-product-compliance
Lightning Source LLC
LaVergne TN
LVHW050555090426
835512LV00008B/1171